特定非営利活動法人　共同保存図書館・多摩
第２回総会（２００９・５・３１）・第３回総会（２０１０・５・３０）より

図書館のこと、保存のこと

（1）図書館のこと、保存のこと
―図書館の歩む道―

竹内　悊

（2）図書館の役割と資料保存
―滋賀県の場合―

梅澤幸平

（1）図書館のこと、保存のこと

―図書館の歩む道―

竹内　悊

はじめに

今日、皆さんの年次総会という大事な時にお招きをいただき、恐縮しております。共同保存図書館のお仕事については、私も会員として参加したいと思いましたが、年齢のことを考えますと、自分にできることとできないことが見えてまいります。会員としての務めを果たすことは難しいと思いましたので、何かできることでもあればお手伝いを、という気持ちでおりました。今日その機会を頂きましたので、喜んで出てまいりました。

しかし、私は特に保存に関わってきたわけではありません。これまでの中で保存に一番近いことといえば、製本とか補修ということでしょうか。これについては国立国会図書館の製本課長であられた古野健雄先生からお教えいただき、もう五十六年経ちました。その後米国のピッツバーグ大学に在学中、同じ市内のカーネギー・メロン大学の製本室長であったジーン・ガンナー女史に、やはり初歩から手ほどきを受けました。この方は製本のマイスター（Meisterin というべきでしょうか）として、英国から招聘された人でした。「製本とは、この次その本が壊れた時に補修しやすいように、と考えてする仕事だ。本とは、それほどに命の長いものなのだから」とよく言われました。また、「その仕事をする人は、物差しに頼ってはいけない。自分の目と手（必要物差しに頼る仕事は間違いが多く、時間を空費する」とも言われました。それでも私たちは、先生が向こうを向いている時を狙って、そっと物差しを出します。すると必ず振り返って、「物差しを使っている！」と厳しい声が飛びました。「あの人は背中に目があるのだね」とよく仲間と話し合ったものでした。

三年前に『ルリユールおじさん』（いせひでこ　理論社　二〇〇六）という絵本が出ました。あれは素晴らしい本です。製本工房の中も、その手法も、また製本師の考え方もよく出ています。ガンナーさんの工房もほとんど同じしつらえと雰囲気でした。その中で製本師たちは、一冊の本の生命を長らえさせ、次の世代に伝えるために黙々と手作業に励むのです。日本の図書館界でこのことをよくご承知なのは元国立国会図書館副館長の安江明夫さんです。第一回総会でのご講演は、こうした点まで十分に踏まえてお話しになったと思います。今後、製本師の本に対する態度などを含めて、本というものとその保存・利用についてのお話を伺えたら、と望んでおります。

1　今回気がついたこと

(1) 保存の対象は「古い本」ではなく、「新しい生命を持つ本」

ガンナーさんやルリユールおじさんのことと共同保存のこととを考え合わせて、ハッとしたことがあります。私は単に廃棄処分の対象となった「古い」本の行き先が決まるかどうか、ということに気を取られていて、もっと本質的なことを忘れていたのです。今回気がついたのは、その本は出版年が古く、表現の仕方も今日的ではないかもしれないが、今日の読者に語りかけ、新しい面を切り出すことができる本ではないだろうか。読者が自分で「あっ、そうだ！」と思う本、あるいは分からないながらもその本から離れることができず、長い時間の後にしみじみとした共感が得られるような、そういう力を持った本、それは「古い本」と見るべきではなく「新しい生命を持つ本」として考えなければならないのです。それに改めて気づきました。

そんな風に考えると、図書館にある本の大部分は、そういう本なのですね。図書館の仕事は、まず本の世界に人びとを招き入れ、人びとが自分の意思でその本の語る「新しい生命」の言葉に耳を傾けるようにすることではないでしょうか。

(2)「ものが語る」ということ

そういうと、図書館からは除籍ができないというのか、と叱られそうです。本質的にはその通りです。しかし本は一面「もの」です。紙を糸と糊と圧力と熱とでまとめ上げた物体ですから、使えば消耗します。だんだんに傷んでいって、ついには役に立たなくなります。そこで、やむを得ず廃棄をします。それでも本からは、中身とともに、その本の材料や編集・印刷・製本などの細部からも、自らについて語る声が聞こえます。それが人に伝わり、人を動かすのです。そういう例はよくご存じだと思いますが、私のささやかな経験をご紹介しましょう。

一九五四年四月のことです。その前年に学校図書館法が成立して、四月一日から施行されました。その時から学校図書館で働き始めた私は、間もなく、綴じ糸が切れて、最初の折丁一つ、つまり十六ページ分がなくなっている本を見つけました。新潮社が出版した『夜明け前』でした。戦争が終わって九年足らず、何もかも足りないのを工夫して生きていた時代でした。もちろん複写機械などはありません。その一折りさえあればこの本が生き返る、と思った私は、出版社に手紙を出しました。「もしかして貴社の倉庫に、この本の最初の一折りが残っていないでしょうか」と書いたのです。その返事は間もなく来ました。

うちの本をかわいがってくださって、ありがとうございます。探しましたがお求めの部分は見当たりませんでしたので、代わりの本をお送りいたします。

という手紙と、新しい『夜明け前』とが届いたのでした。

「うちの本をかわいがってくださって、ありがとう」という言葉には打たれました。出版者とは本をこんなふうに考えているのか、と思いました。本を大事にし、それを人と結び付けようとするのは図書館員だけではない、それを私は全くの駆け出し時代に知ることができたのです。それから半世紀経って、出版界の人たちとの会合に出るたびにこの話をしました。出版者は、著者の思いや考えが人の心のひだの中にしみ込んでいくように本をつくるのです。そうすると本とは、本文の文字だけではなく、編集、印刷、製本のすべてが、内容を確かに伝えるための細やかな配慮と技術とセンスから成り立って、読者に語りかけるものだ、ということになります。それを読みとるのが読者の仕事なのです。

それから十八年後、私はピッツバーグ大学のアジア図書館で学生助手として働いていました。ガンナーさんの製本教室に通う一年半前のことです。その図書館の書架の上に、『中華民国政府公報』という大部の本が並んでいるのを見かけました。一九一一年から四五年までの公報を年度ごとにまとめたものでした。最初の頃のは紙もよく、印刷も製本もきちんとして、背の金文字もはっきりしていました。しかし日本軍の侵攻が始まり、一九三七年末に中華民国政府は首都を南京から武漢に、翌年には重慶に移します。それとともに、この本の紙や印刷や製本の質がどんどん低下し、最後には判読しがたいところまで落ちます。それでもこの本は刊行を続けました。それがどんなに困難なことであったか直接にはわかりませんが、その時国民党軍の政治部第三庁長として対敵および国内宣伝を担当したのは郭沫若氏でした。空爆と戦闘との合間の混乱の中で、紙を入手し、活字と印刷機とインクとを調達し、活字の母型まで揃えて印刷し製本し配布することの困難さを、郭氏は『抗日戦回想録—郭沫若自伝6』（平凡社・東洋文庫224　一九七三）の中で語っていますから、公報担当者の苦労も推し量ることができます。そこに、自分の仕事を大事にし、そしてその仕事を後世に残そうとする人たちの強い意志が見えます。内容上も当時の唯一の情報源として貴重です。短くても、不十分でも、ともかくそこで生きる人たちについての情報が今、そこにあるのです。

（3）「本が語ること」を支える人

「もの」としての面も本自身を語るとなると、先ほど申しましたガンナーさんの、できるだけ元の姿と材料とを生かして、という姿勢の貴重さが見えてきます。今日、手作り製本が芸術として、また趣味として普及し始めましたが、同じ手作り製本の中に、自分を表に出さずに「本が語る」のを支える人がいることは記憶されてよいと思います。その人は、読者と本との間で自分を主張しないのです。なるべく元の材料を生かし、自分の技術を表には出さず、修復したかどうかも気づかせずに、しかも長く使えるようにする仕事が、本と人との間にあるのです。

2　保存が意識される時

それでは、図書館資料の保存ということは、いつ意識されるのでしょうか？　ここではそれを非常に極端な観点と、今毎日進行している日常的な観点、さらに保存と廃棄の間にある仕事との三つで考えてみようと思います。

(1)　危機的状況において

ごく近い例でいえば、日比谷図書館は第二次世界大戦中に戦火から図書を護るため、所蔵する貴重書とともに、学者・蔵書家から図書を買い上げ、多摩地域の借り上げ倉庫に疎開させました。他の都市でもそういう危機感を持ちました。しかしここでは、もっと突飛な私の想像をお話しして、図書館資料とその保存のことを考えてみたいと思います。

それは今から五〇億年後に、われわれ人類にとって最大の危機的状況が来るという話です。つまりそれは地球が崩壊する時です。その時に図書館はどうするのでしょうか？　地球の寿命が尽きて、われわれの住むところが銀河系宇宙から消える、そういう時が来ます。もちろんそれは予期されたことですから、人類はそのずっと以前から他の天体に移住を始めると思います。その準備はすでに始まっているとさえいえるでしょう。その時が近づけば、新しいノアの方舟がたくさん、地球から新しい移住先に向けて飛び出して行きます。その宇宙船に「図書館が積まれる」と私は思っているのです。もちろん、五〇億年後のことですから、本の形態がどう変わっているのか、想像もできません。しかし、それがどんなに変わったとしても、地球上で人間が感じ取り、考え、そして実行したことの記録を組織し、保存してきた図書館というものが積み込まれ、新しい環境で活動を始めるのです。

（２）体の外に作る知識源

なぜ新しい移住先で図書館が必要になるのでしょうか。人間は自然科学や工学、科学技術の面では確かに進歩しました。しかし、人間が自分自身のことを考え、困難を乗り越え、さまざまな挫折から立ち直り、深くものを考え、そしてそれを人と「分け合う」という点では二千年前も今も大差はないでしょう。また、動物は生きるための判断の根拠となる情報を体内に蓄積していることでしょう。人間もまた記憶によって同じことをしますが、それとともに、体の外にも蓄積することを考え出しました。それが図書館であり、また、百科事典や中国の類書となったのだと思います。それは人間の持つ記憶容量への不安からかもしれませんが……。『多摩デポブックレット No.４』で平山さんがご提案になった復刻も、体外への蓄積です。その蓄積に基づいて人間は、「過去に学んで現在を考え、未来を設計する」という態度を生み出しました。それが人間という生命体を他の動物から区別する大事な特質だと私は思っています。

新しい天体に移住しても、この性質は変わらないでしょう。それどころか、体外への蓄積の重要さがより強く意識されるかもしれません。それは、移住先に人間社会ができると、地球上の人間的な問題がそのまま持ち込まれるからです。そこで初めて、地球上で人間は、どのようにして自らを律し、自らの生活を立て、かつそれを分け合ってきたのか、という問題に逢着します。それを予測して地球上で準備をするとは思いますが、しかし新しい環境の下での人間の行動は予測のほかです。そうすると、地球での生活を省み、これからどうするかを考える材料が必要になります。つまり一六二〇年に新大陸への上陸を目前にしたメイフラワー号の乗客たちが直面したのと同じことが、五〇億年後の人類に、もっと大きな規模で起こるのだと言えましょう。メイフラワー号の乗客は船内で生まれた子ども二人を入れて一〇四人でしたが、上陸直前になって、それから後の生活の仕組みをあらかじめ定めておく必要が生まれました。一〇四人のうち、いわゆる清教徒たちは約半数で、後は新大陸で荒稼ぎをしようという人たちだったからです。そこでMayflower Compactという契約を結びました。これが後の米国憲法の原型といわれるものです。それでも上陸した後で厄介なことが続きました。五〇億年後の人たちはどうなのかはわかりませんが、おそらくいろいろとあるでしょう。それでも私は、「過去に学んで、現在を考え、未来を設計する」という人間の特質に信頼をしたいのです。そう考えると、五〇億年後に宇宙船が積んで行く図書館資料と今のわれわれの仕事とにはつながりがある ― つまり、今までとこれからの図書館資料を凝縮したものが運ばれて行く、と思っています。

(3) なぜこんなことを?

こんなことを考えたのは、図書館情報大学にいた時でした。当時の学長は藤川正信先生でした。一九五〇年代から図書館界で情報の重要性を提唱され、その先見性によって著名な方です。この方が私に、

「恐竜はあれほどの力を持ちながら亡びた。こんなに小さな力しか持たない人類は、二一世紀に入ったらすぐに滅びる」

と何度もおっしゃるのです。そこで私は、どう答えたらよいのだろうか、とさんざん考えました。そしてある日、「学長、恐竜は図書館を持たなかったから滅びたのです」と申しました。藤川先生は私の顔をご覧になって、ニコッとなさいました。そしてそれ以後、二度と恐竜の話はなさいませんでした。でも私は、私の言いたいことを一瞬のうちに分かってもらえた、と思いました。それが先に述べた「知識を体外にも蓄積して、自分の記憶容量の不足を補い、時に応じていろいろな考えを参照して考える」という人間の特質のことだったのです。

それでも五〇億年は遠すぎます。そこから今の世の中のほうへ戻ってみたらどうでしょう。氷

河期が来れば万里の長城も崩れます。その上、予測できない災害が起こるでしょう。これが図書館資料にどんな影響を及ぼすでしょうか。富士山が噴火して強い西風が吹けば、東京の図書館は使えなくなるかもしれません。また、東海沖の大地震は、もうその周期を超えています。いつ起こっても不思議はありません。これも不安の種です。危機的状況は五〇億年先でなくとも起こるのです。「保存」を真剣に考える必要がありましょう。

(4) 毎日の積み重ね

こうした危機的状況とは別に、毎日のサービスと直接関わる保存要求もあります。それは、いつ利用者が地域とその関係者についての資料を求めるか、ということです。私は近い所で三〇年後、最近の事例では六〇年後には調べ始める、と思っています。つまり、図書館に来て資料を求めるというのは、そのことが「分からなくなった」からなのです。三〇年というのは、人間の一世代です。一世とは三〇年をいうとは、論語(子路第十三)にも出てきますし、勝海舟は、世の中は三〇年で一変する、と申しました。つまり、一つの出来事は、それに関わった人がいなくなると分からなくなる—というよりも、分からなくなり始めるのです。だから人が関心を持ち、調べ始めます。しかし、物事によっては、その人の周囲の人が健在であると、まだ早すぎる、という場合があります。そこで六〇年後ということにもなるのです。いずれにせよ図書館としては、その地方の歴史、産業、人、風土など、様々なことについて、少なくとも三〇年後を予測して資料収集の対象を決め、その選択と継続的収集を始めなければと思います。そうでないと、三〇年後の要求に応えることができず、図書館というものに対する信頼感に影響してきます。

この点で多摩デポのお仕事と『多摩デポブックレット』の刊行は、大きな意義があると思います。一方、地域の研究者からは、図書館にあると思った資料がまったく収集されていなくて、がっかりしたという報告もあります。

茨城県瓜連《うりづら》町で町長をされ、現在は茨城大学客員研究員の先崎《まっさき》千尋《ちひろ》さんは、ほしイモ（乾燥藷）について研究され、『ほしいも百話』（茨城新聞社　二〇一〇）を出版されました。その調査のために各県の図書館を回り、その対応の違いに驚いて、「図書館のレファレンスの大切さ」を常陽新聞（二〇一〇年九月二八―三〇日）に発表されました。「ほしいも」は現在茨城県の特産品ですが、百年に満たないその歴史を調べようとしても県内では資料が見当たらず、静岡県や愛媛県の図書館から行き届いたサービスが得られたこと、県内ではその関係者の逝去後は資料の所在が明らかでなく、農業関係の著作にも記述が見当たらないこと、そして統計の数字は、県のもの国のも鵜呑みにはできないことなどを挙げ、それゆえにこそ地域の産物についての生の資料の収集、保存、提供という図書館の役割が重要なのだ、と主張しています。この記事が出たことで、取材の時には所在不明であった資料が出てくるという結果も生まれ、地域の図書館とは何をなすべきか、という大きな一石を投じたことになりました。

『多摩デポブックレット　№４』の平山さん、蛭田さんのレポートとともに、図書館とはこういう仕事をするところという考え方を、図書館員も利用者も、教育委員会、議会、行政機関も共有するようにならなければと思います。長い時間をかけて歩かなければならない道です。

（５）保存と廃棄の谷間で

ここでかねての考えをお話ししたいと思います。図書館で働いていると、保存か廃棄かという二つの判断の間で迷うことがあるでしょう。私はかねてから、もうひとつの考え方があってもいい、と思っていました。それは、第二線書架を作って、どうしようかと思う本をそこに置くのです。そしてしばらくの保留期間の間に、その本の中になお生きている部分はないかどうかを調べます。たとえば図版や写真、肖像、統計、短い叙述などで、切り抜き資料とするものはないか、と考えるためです。そうすれば本は廃棄するにしても、その中の役に立つ部分を利用に供することができます。これは海外の図書館でよく見るのですが、案外に役に立ちます。それ自身は断片的な情報を伝えるだけですが、それがかえって利用者の想像力を刺激するといいます。デザイン関係の仕事をする人がよく使うとも聞きました。地域に限定しての切り抜きとすれば、「三〇年後」にも役立ちそうに思います。海外ではこれをヴァーティカル・ファイリング・キャビネットに収めて利用に供していますが、日本ではあのキャビネット自体がそれほど使われていないような気がします。これを作ったのは、皆さんご存じのメルヴィル・デューイですが、この人は分類法や図書館学教育の業績のほかに、目録カードの標準化を始めた人としても知られています。そういえば、一枚一枚のカードを立てて並べることと、ファイリング・キャビネットの中に一枚ものの資料をフォルダーに挟んで排列することは似ているではありませんか。このクリッピングを例にして私が言いたいのは、一冊の本を廃棄するのはやむを得ないとしても、その中の役に立つものは図書館に残すのだ、という図書館員としての強い意志を持ちたいということです。そういう意志と、そういう部分を見つける目を持つことは、資料選択に役立つとともに、三〇年後に対応する力になるのではないでしょうか。

(6) これからの保存の実例二つ

サルマン・ラシュディ(『悪魔の詩』などの著者・一九四七―)の日記と既刊・未刊の原稿は、

エモリー大学図書館（ジョージア州アトランタ）に入りました。そのコレクションには四台のパソコンがついていました。これは、これからの資料保存に伴う様々な課題を暗示していると思います。つまり、ラシュディが原稿を入力した時のパソコンとそのソフトとを一緒に保存しておかなければ、記録媒体だけが残っていても、彼の原稿を再生できない恐れがあるからです。

もう一つ、アメリカのある州では、磁気媒体の文献をマイクロフィルムに変換して保存し始めた、といいます。磁気媒体よりもマイクロフィルムのほうが「もの」として安定していて、長期保存に耐え得ると考えたのでしょう。十分に注意をして作ったマイクロフィルムは百年もつといわれますから、そういう判断が生まれたものと思います。

もちろん「読む」ことの目的は人によって違います。文字をたどり、数字を確かめるだけならばどんな媒体でも差支えないでしょう。そこに著者の意図、本の作り手の思いや技術、当時の紙や印刷・製本の状況を読みとって全体的に判断しようとするのには、元の本に勝るものはありません。それが最も情報量が多いからです。利用に供するのは媒体変換をしたものであっても、より多くの情報を求める人のために、元の形のものを保存する必要があるのです。

3　ランガナタンの考え方―『図書館学の五法則』に基づいて

(1) ランガナタンについて

この『図書館学の五法則』はランガナタンのたくさんの著作のうちで最初のものです。そして「図書館とは何か」という命題に答え、かつ著者が保存についてどう考えているかを知るために大事な本です。

私はここ五年ほど、この五法則について専心に学んできました。そして、二〇一〇年四月に『図書館の歩む道 ―ランガナタン博士の五法則に学ぶ―』（日本図書館協会）を出版しました。これは翻訳書ではなく、私という学生がランガナタン博士のもとで勉強をして、それを日本の仲間たちに伝えるというつもりでまとめた解説書です。そしてこの『図書館の歩む道』という書名は、以前に出した『図書館のめざすもの』（日本図書館協会　一九九七）に続くもので、前著は目標を、今回はその実践を、という意味です。つまり私の気持ちの上では、この二冊はつながっているのです。

そこでまずランガナタンその人のことを簡単にたどってみたいと思います。

ランガナタン（Shiyali Ramamrita Ranganathan　一八九二―一九七二）はインドの図書館学者

で、独力でインドに近代的図書館を紹介し、図書館実務と図書館学を確立しました。インドの図書館の父とたたえられ、今日でも国際的に著名な人です。

この人はもともと数学者でした。一九二三年にマドラス大学が図書館の刷新を考え、館長候補者を公募しました。そして九〇〇人の中から選ばれたのがランガナタンでした。この人のまっすぐな気性と、数学者としての科学的なものの考え方、そして恩師に勧められて取得した修士の学位がこの異例の選任の力になったといいます。

一九二四年一月、マドラス大学図書館長に任命され、九月にロンドン大学図書館学部に留学、セイヤーズ（W. C. Berwick Sayers）に出会います。この人はロンドン郊外のクロイドン市立図書館長で、また、この学部の講師の一人でもありました。ランガナタンの英才を見抜いたセイヤーズは、普通の学生とは違って、基本的なものだけを履修し、後は図書館で勉強することと、各地の図書館を見学し、多くの図書館人と出会って、意見を交換することとをランガナタンに勧めました。それが実務に明るく、異なる役割を担っていても共通な図書館の本質を追究してやまないランガナタンを育てた、といえましょう。

一九二五年七月、マドラス大学に帰任。図書館長として蔵書の再整理、レファレンス・サービスの開始、教員や学生の生活条件に即し、かつその研究・学習要求に応じるために開館時間を延長、後に図書館の休館日を廃止し、週に九一時間の開館を実現しました。さらに、仮住まいの図書館を広い場所に移転し、次いで図書館としての機能を備えた新館を建設して移転するなど、目覚ましい成果を上げました。それだけでも多忙を極める毎日だったのですが、さらに図書館サービスの向上と、その理論的根拠の探求を続けてやみませんでした。その最初の成果が『図書館学の五法則』で、一九三一年にマドラス図書館協会から出版されました。

その図書館協会もまた一九二八年にランガナタンの努力によって生まれ、維持されました。『図書館学の五法則』の出版以後、分類法、目録法、レファレンス・サービスなど、図書館の理論と実務に関する著作をほとんど毎年この協会から出版し、そこからの収益をすべて協会の運営費に充てたのです。つまり、彼は図書館ではその改革と新しいサービスの提供にあたり、その余暇をあげて研究と著作に励み、さらに、図書館協会の事務局長としてその運営にあたり、財政的に協会を支えたのです。

図書館員の養成もまた彼によって始められました。一九二九年に開設された協会の講座は二年後にマドラス大学に移管され、より確かな基盤を得ました。その講座の責任者もまたランガナタンでした。

一九四九年にはデリー大学に図書館学修士課程、博士課程を開設、一九五七年には最初の図書館学博士が誕生します。こうした業績に対してデリー大学とピッツバーグ大学（ペンシルヴェニア州）は名誉文学博士の称号を贈り、インド政府もまたその功績を高く評価しました。

この期間に、第二次世界大戦がありました。多年にわたって英領植民地であったインドは、パキスタンを分離して独立、英連邦のうちの一国となりました。そこでまず国民の識字教育を含めて各段階での教育の充実が必要になります。後に言及するように、ランガナタンは「一人ひとりの成長の上に国の発展がある」と考える人ですから、その理念は国の内外で高い評価を受け、インド各地に図書館協会ができ、彼の指導のもとに各州の図書館法が成立します。欧米諸国の会議や、講演や講義に招かれるなど、活躍の場も広がりました。それでも彼の努力はやまず、令息によれば、四〇歳以後は一日一食で十分とし、一日一四時間を研究時間とした、といいます。一九五八年一二月に来日し、九日間の滞在中に東京と関西とで、少なくとも七つの図書館を訪問、七回の講演や討論を行いました。観光よりも図書館を見、図書館人に会いたい、という旅でした。

一九六五年と六七年にはランガナタンの七〇歳を記念する論文集二冊が完成。献呈を受けました。その七年後の一九七二年九月二七日、インド南部のバンガロールで八〇歳の生涯を閉じたのです。

(2) その五法則

周知のことですが、まずその五法則の英文と、その定訳(森耕一教授による)をあげましょう。

Books are for use. 図書は利用するためのものである。
Every person his or her book. いずれの人にもすべて、その人の図書を。
Every book its reader. いずれの図書にもすべて、その読者を。
Save the time of the reader. 読者の時間を節約せよ。
A Library is a growing organism. 図書館は成長する有機体である。

＊右の定訳では、Booksは「図書」と訳されています。私の『図書館の歩む道』では、「本」としてあります。それは別に異を立てるためではなく、このことを考える上で、肩肘張って言うよりも、いつも読む本のことをいつもの言葉で考えたい、と思うからに過ぎません。

これは天才的な仕事です。多年にわたって考えに考えた「図書館とはいかにあるべきか」を五つの項目にまとめ、全体で僅か二六の単語で表現するというランガナタンならではの仕事です。この簡潔さが五法則を普及するのに役立ったことは疑いを入れません。それが一つの法則を自分

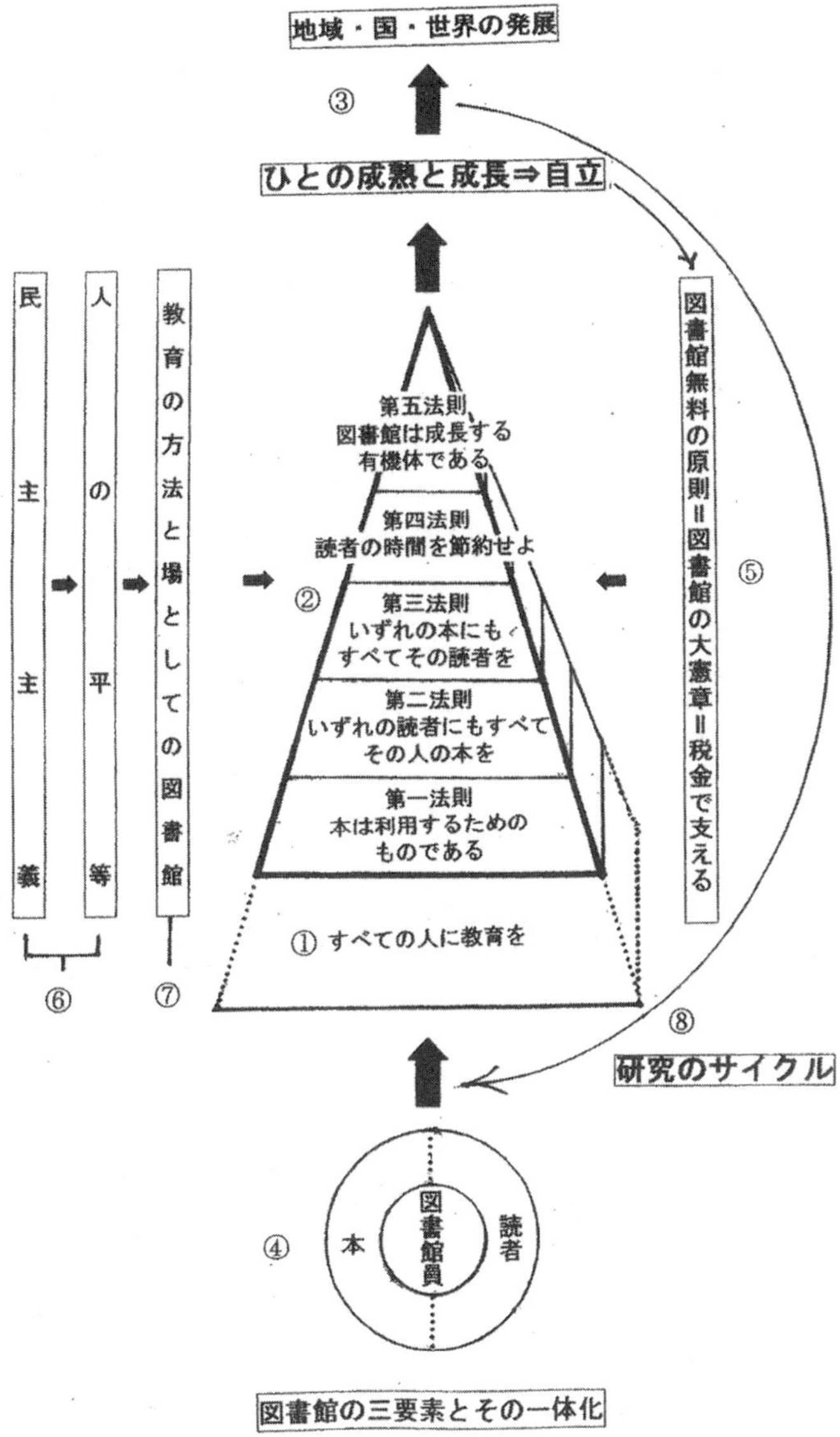

図1『図書館学の五法則』の構造
「図書館の歩む道─ランガナタン博士の五法則に学ぶ─」
竹内　悊解説　日本図書館協会　2010　p.19

のよりどころとして、図書館のことを考えてきた人たちを生みました。たとえば、第五法則の「図書館は成長する有機体である」というのは、まことに格調の高い表現で、胸を張って未来を見つめるという気概に満ちています。そこで、この言葉をよりどころとして生きてきた、という人は決して少なくはないのです。その半面、五法則はこの二六語で終わりだ、という印象を与え、それぞれの法則を文字通りに、つまり表面だけの意味で受け取って、それでわかった、としている人もないわけではありません。ランガナタンの原著は、この五法則の説明に四〇〇ページ以上を費やしています。それだけの内容があることを考えなければ、と思います。

そこで、前ページの図1をご覧ください。これは、この五法則には構造があると考え、それを探して理解を深めようと試みたものです。

(3) 個々の法則とその関わり

まず真ん中の三角錐から始めましょう。「第一法則　本は利用するためのものである」の下に、「すべての人に教育を」とあります。これはこの五法則の説明の中から採った言葉です。つまり第一法則の「利用するため」というのは、何のために「利用」するのか、その答えを求めたのがその「教育」なのです。ただし、ここでいう「教育」とは、学校の教室をイメージするのではなく、「人の成熟と成長とのために」働くことを意味します。「教え込む」だけではなく、「人の成熟」つまり自分で自分を育てることを周りで見守り、援助することを含むのです。本はそのために非常に有効な道具（tool）だとランガナタンは言っています。自明のことですが、ここで「人」というのは、「一人ひとり、そしてみんな」を意味することを確認しておきたいと思います。

そう考えると、第二法則の意味が立ちあがってきます。ものを考える仕方は人によって違いますから、その人に適切な本もまた違ってくるのです。そして第三法則ですが、今度は本のほうが読者を選ぶのです。この本を主体とする考え方は、西欧の「本とは使うための物体である」という考えの持ち主にはなかなか理解されないようです。しかし、東アジアでの感じ方は違うのです。本とは著者の感覚ないし思考の塊であって、書架に並べられた本は、「私がここにいる！」という声を上げているのだ、と感じたことがあるでしょう。それを聞きとって、読者に伝えるのが図書館員の役割だとすれば、第二法則と第三法則は表裏一体の関係にあります。簡単に言ってしまえば、「人を知り、本を知るのだ」と言えましょう。それが簡単なことではないのは皆さんがよくご存じです。

さて第四法則、ここで急に日常的で簡単な言葉が出てきて、一度に「ずっこけ」てしまった人は多いと思います。でもこれを、病院が「患者の時間を節約せよ」とすべてのスタッフに呼びかけた、と考えたらどうでしょう。それを実現するのには、病院の各部署で働く人たちが気持ちを合わせ、力を合わせて、患者さんに無駄な時間を使わせないように、まず自分の仕事の検討から始めなければなりません。みんなで相談を重ね、隘路を解決し、機械の効率化を図り、大変な努力をしてやっと実行できることではないでしょうか。図書館でも同じことです。選択・受け入れから資料組織、保管、貸出と参考業務に至るまで、きちんと組織されているからこそ、それができるのです。そしてその結果、図書館のあらゆる仕事の総合としての的確な図書館サービスが、利用者を待たせずに提供される。それこそみんなが望むことではないでしょうか。つまり第四法則は、第二から第四までの館内での仕事の総合であり、利用者からみた図書館の理想像を示すのです。ランガナタン博士の令息、ヨーガシュワリ氏はヨーロッパで生産管理を専門とする科学者ですが、この考えは経営学の基本と共通で、他の分野にも十分に適用できると言っています。

第五法則は、個々の図書館の仕事の仕方から飛躍して、図書館をこの地球上のさまざまな生命体の一つ、いわば種《しゅ》と見、それが存在し続けるためには成長し続けなければならない、とします。ここから、図書館を他の社会機関と比較して検討する道が開けるのです。そういう存在であるためには、成長から分裂、統合、変容などの変化を経ながら「人のために働く」という目的の実現を確かなものにしていく、という将来像が見えてきます。

（4）五法則のサイクル

五法則のひとつひとつは、図書館のあるべき姿、つまり規範原理だとランガナタンは言います。そこで個々の図書館がこの規範原理をどこまで満足させているかを検討することで、その図書館の評価をすることができます。さらに一館だけでなく、一地域の図書館に適用すれば、その地域が今どういう発展段階にあるかを示すこともできるでしょう。

できたばかりの図書館の場合は、第一から第五までの過程を検証すればよいかもしれませんが、その図書館が様々な発展段階をすでに経験している時には、それでは不十分です。そこでランガナタンは、第五法則までに至った図書館の次の段階の検討を、また第一法則に戻るという循環方式を考えました。つまり、第五法則に至るほどに成長した図書館が、それまでの蓄積をもって、もう一度第一法則の観点からその図書館の活動と考え方とを検討します。それによって第一法則と他の法則との関係も、後述する三要素の働き方も視野に入り、以前よりはずっと多面的な検討ができることになります。これを繰り返すことで、まずその図書館の評価ができ、さらにその図書館の発展段階が幾つめのサイクルのどの法則にあたるかが見えてくるでしょう。

そうすると次の課題は、いつ次のサイクルに移るのか、ということになります。それはその図書館の検討が第五法則に至った時です。ということは具体的にどういう時でしょうか。私は、人の一生に曲がり角とか節目《ふしめ》とかがあるように、図書館にも曲がり角や節目があると思っています。それは、それまでのやり方ではどうにもならず、新しい考え方やサービスの展開が求められる時、つまり外からの圧力と、内から噴出するサービス向上の意欲とをエネルギー源にして、図書館の新しい方向を求める、という時期、それが新しいサイクルの始まりだ、と思うのです。

(5) 図書館の三要素と民主主義

そのサイクルを繰り返す図書館の中核になるものは、本と図書館員と読者の三つです。この三者の絡み合いによって、それぞれの法則が動き出します。そして、そういう図書館を支えるものが民主主義であり、無料の原則である、とランガナタンは考えました。ここで民主主義というのは、政治学上の概念というよりは、古代の哲学者であり教育者であった人たちが示した人間の平等と尊重という考え方に通じるものと思います。また、図書館無料の原則は、税金によって広く薄く徴収した財源によって、誰もが自由にかつ平等に図書館資料を使うということですから、義務教育の無料と同じく、人の成熟と成長とに関する枢要な制度だと言えましょう。ランガナタンの『図書館学の五法則』というのは、こういう構造と特徴とを併せ持っていると私は考えています。

（6）五法則と保存

ランガナタンは一九五三年にこの五法則を部分的に改訂して、第八章を加えました。その中で図書館の種類を二つに分けて、次のように言っています。

利用を主とする図書館…公共図書館、学校図書館、大学図書館等がこれに入る

この種の図書館が除籍しようとする時は、そのすべてについて保存図書館に通知する義務を負う。

保存図書館…州立中央および国立中央図書館

集められた複本の中から保存条件に適したものを数冊、蔵書に加える。

これは一九三一年の初版から五三年に至るまでに、こうした区分を必要とするほどにインドの図書館が成長したということでしょう。しかしその前に、図書館が人間の記録の保存に当たるというのは当然のことだ、という考えがあります。また、米国の図書館のように大量に複本を購入して大量に除籍をするという条件も考え方もありませんでした。ここに現れたことからいえば、「除籍しようとする時は、そのすべてについて保存図書館に通知する義務を負う」というところ

に、保存の重視が見えると思います。日本にはこういう考えがないので、「多摩デポ」を作らなければならなかったといえましょう。そうすると、「多摩デポ」はここでの州立中央図書館または国立中央図書館の働きの一部を持つことになります。これは大きな役割です。

4　五法則のサイクル上の共同保存図書館・多摩

最後に、皆さんのお仕事「共同保存図書館・多摩」が、五法則のサイクルのどこに当たるか、そしてどういう意義を持つかについて考えたいと思います。ただこれは先に述べた3・(4)「五法則のサイクル」のところで、新しい行動に移る時が二つ目、三つ目のサイクルの始まりだと申しました。皆さんが「共同保存図書館・多摩」を立ち上げてくださったということは、まさにその新しいサイクルの始まりに当たります。そこでここでは、その時に言及し得なかったことについて、補足をしたいと思います。

「五法則のサイクル」という考えは、個々の図書館にも、地域の図書館（たとえば多摩地域というように）、県や国の図書館にも適用できると思います。皆さんの「東京にデポジット・ライブラリーを！」という目的からすれば、都内全域を対象とすべきかと思いますが、今の活動と協力館の状況から、多摩地域の図書館について考えるのが妥当と思います。そうすると、多摩地域の図書館は、皆さんの活動によって、地域の図書館の発達のサイクルの上では、第五法則に位置付けられるのだと思います。それは第一から第四までのステップを通って、この地域の図書館はこれからどう生きて行くべきかを考え、共同保存図書館が必要だという結論に到達され、そして実践しておられるからです。これはジョン・デューイがいうように、

生物は自己に作用するエネルギーを自己の存続のための手段へと変えようとする。それができなければ、生物は（少なくとも高等生物においては）壊れて小さな破片になるだけでなく、もはやある特定の生物ではなくなってしまう」

（『民主主義と教育』上　デューイ著　松野安男訳　岩波文庫　二〇〇二　p．11）

という今日の状況の下で、外からのエネルギーと、図書館員としてのやむにやまれない気持ちとを、共同保存図書館設立という目的に向けて努力をしておられるからです。

そうするとその次の段階は、その構想と経験とを持って第一法則に立ち返り、この法則のより

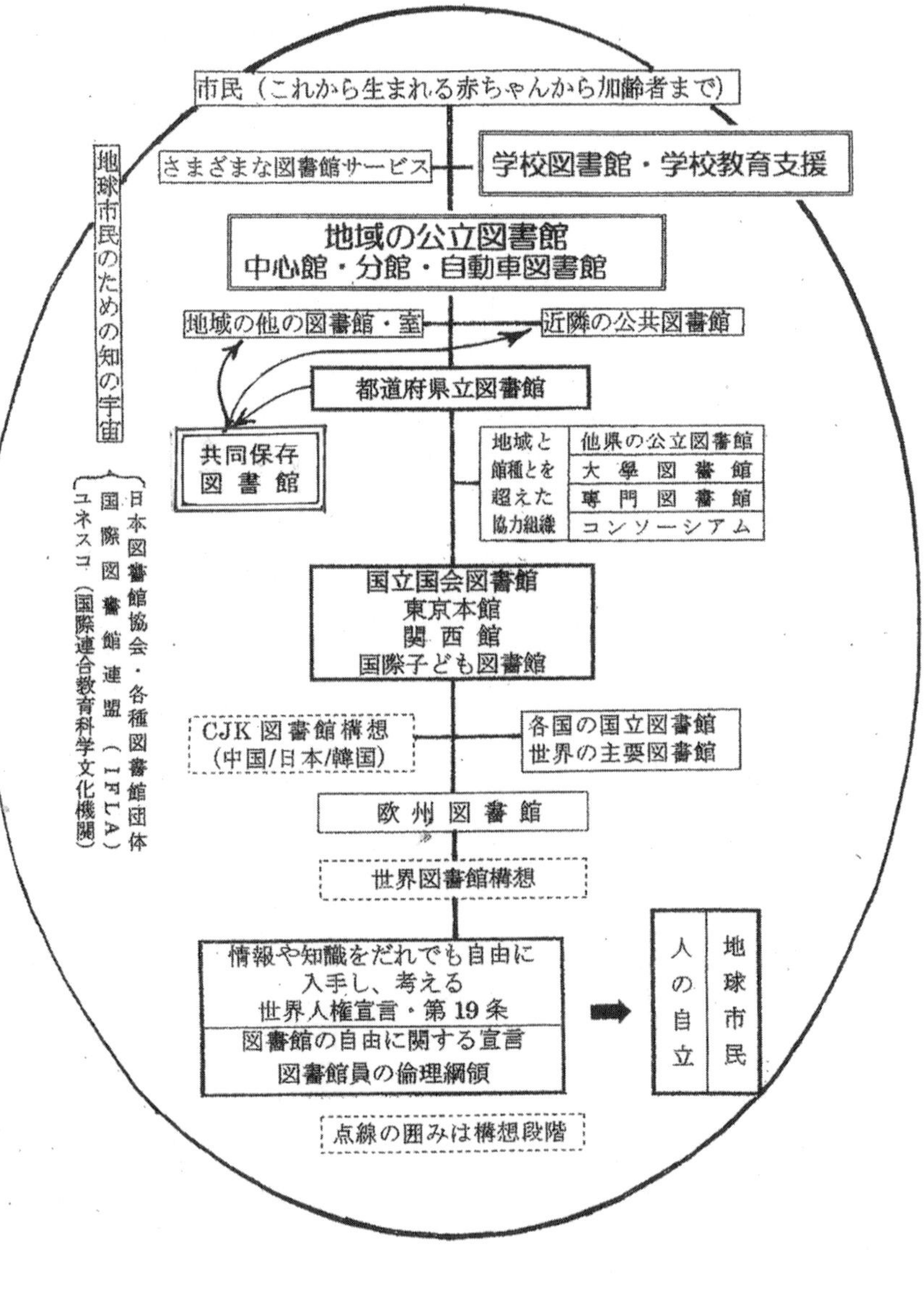

図2　知の宇宙―地球市民のために―

よい実現のためには何をなすべきかを考えることになります。この場合は、第三法則がその方向を示してくれるでしょう。つまり、その本自体が語ることを聞くのです。その実践から、第二と第四法則へのつながりが現れてくるでしょう。そしていずれ第五法則の目でこの仕事の意義と実際の展開を再検討することになると思います。そしてこの仕事を東京都全体に広げるとか、日本国全体、東アジア文化圏、それから世界へと広げ、いつか「知の宇宙」（前ページ　図2参照）を形成するところにまで到達すると思います。もちろんその過程で、皆さんの使命感と時間と労力で活動しているという運営形態にも、最善の道が探られることと期待しております。

　更にその過程で忘れてはならないものがあります。それは個人による収集です。自らの知識、情熱、センスと財力とをつぎ込んで集めたコレクションは、公的機関の視点と限界を超える場合があり、そこに学ぶことはたくさんあります。また一方、個人とその財源の限界もあります。維持が困難になり、「まとまっていることによる貴重さ」が個々の価格に振り替えられ、散逸の危険があります。公的な機関でも担当者の問題や予算のことがあって、「あるから保存している」というだけの扱いになることもあると思います。要するに個人の収集と公的なコレクションとは、本の声を聞こうとする点で、お互いに補い合うべきものと思います。そこで事業計画として実施する以前から、お互いの存在とテーマと手法、それにそれぞれの長所と限界とを視野に入れておく、という広い世界を共有したいと思います。どちらも百年後の利用者にとってこの上ない資料群なのですから。

というわけで、この地域に第五法則のステージを新たに開かれた皆さんのご努力に敬意を表するとともに、保存図書館事業の着実な発達のために適切な展望が開けることを望んでおります。ランガナタンの五法則のサイクルは、きっとそれにヒントを与えてくれることと期待しております。

ご清聴、ありがとうございました。

【参　考】

『図書館のめざすもの』（竹内悊編・訳　日本図書館協会　一九九七）より

①「アメリカ社会に役立つ図書館の十二箇条」の中から

●第十二条　図書館は過去を保存します。

図書館とは記録を保存するところです。そして、自分自身の過去を理解しない国家、文化、コミュニティは過去の失敗の汚辱にまみれるのです。…現在及び未来の世代の人たちは、過去の失敗を繰り返さないためにこそ過去の失敗を学び、すべての人の生活の質の向上を図ることを目的として、過去の成果の上に新しい仕事を建設するのです。

●第八条　図書館はコミュニティを作ります。

つまり図書館は、人間の生活をそのまま受け取り、人びとの生活記録を保存することによって、人間の生活の全体を保存するのです。だからこそ高齢者は車に一杯の本を持ってきて、図書館に寄贈したいというのです。〔これは〕「私が生きてきたことを失いたくはない」ということなのです。

②図書館協約（全米図書館友の会連合会）

私たちは次の点で図書館を信頼します。

図書館は、

記録を保存するところですから。

—昨日の記録と明日の可能性を結ぶところです。

知識を連続させるところですから。

—情報の形やその流通の仕方が変化しても、それにかかわりなく常に開かれています。

（2）図書館の役割と資料保存

―滋賀県の場合―

梅澤幸平

はじめに

ただいまご紹介いただきました梅澤です。

今日は、前半で滋賀県立図書館が、資料保存センター構想をもとに取り組んできたことをお話ししたいと思います。

後半は、現在、私が担当している県の歴史的公文書の話をと思っています。滋賀県は公文書館が未設置ですが、戦災にも天災にも遭わずに、明治以降の文化財級の、大変貴重な公文書が県庁には残っています。それから昨年取材する機会に恵まれた岡田健蔵という未曾有の資料収集家が創設した函館市立図書館の話、また、滋賀県でのヴォーリズの近江兄弟社図書館に残された文書群の整理を滋賀県内の図書館員の有志と始めていますので、その状況など、いずれも資料保存という観点からご報告したいと思います。

1　滋賀県立図書館の資料保存センター機能

（1）保存センター構想の始まり

まず、次ページの年表をご覧ください。

滋賀県は戦後、公立図書館の設置が遅れていて、当時五〇の市町村がありましたが、県立図書館以外に市町村に公立図書館は二館しかなかった時代が長く続きました。県内で三館目が一九七八年、戦後になって初めてできたという具合で、公立図書館の活動については、他県と比べると周回遅れのような状況でありました。滋賀県立図書館が、一九八〇年に現在の場所、大津市の郊外の文化ゾーンと言われているところに移転します。この時までは、県立図書館は単独の施設を持ったことはありません。最初の開館は一九四三年、これも全国ではかなり遅いスタートです。当時中央図書館制度が進められている中で、県立図書館が設置されていないのは四つほどだったと聞いていますが、そのうちのひとつが滋賀県で、大津市にあった県商品陳列所を改装しての開館でした。次いで大津公民館や、滋賀会館への移転を経て、一九八〇年に初めて単独の建物ができたわけです。これに先立って県としては、県立図書館のあり方について、森耕一さんはじめ図

滋賀の図書館年表（滋賀県立図書館ホームページを参考に作成）

年　度	開館状況	公立図書館数(設置市町村数)	設置率%県(全国平均)	県立図書館沿革 **図書館振興策経過**
大正 5(1916)	彦根	1(1)		
昭和 3(1928)	水口	2(2)		
昭和 18(1943)	県立	3(2)		開館
昭和 22(1947)				大津公民館へ移転
昭和 29(1954)				滋賀会館へ移転
昭和 31(1966)				移動図書館運行開始
昭和 46(1971)				「図書館しが」創刊
昭和 52(1977)				ともしび文庫(自費出版助成)開始
昭和 53(1978)	守山	4(3)	6(27)	
昭和 54(1979)	野洲、今津、彦根(新館)	6(5)	10(27)	**「図書館振興に関する提言」**
昭和 55(1980)				4 月新館移転　7/10 開館 **草の根図書館への補助開始**
昭和 56(1981)	大津	7(6)	12(29)	協力車運行開始 **建設・図書費補助開始**
昭和 57(1982)	長浜	8(7)	14(30)	全日曜開館、新聞記事索引作成開始
昭和 58(1983)	近江八幡、草津、水口(新館)	10(9)	18(30)	湖南省図書館と姉妹図書館協定・事業開始
昭和 59(1984)			18(31)	配本車巡回活動開始 **図書費補助期限延長**
昭和 60(1085)	八日市	11(10)	20(31)	コンピュータ稼動(県立レベル全国初)
昭和 62(1987)	栗東、愛東、マキノ	14(13)	26(33)	協力車巡回コース増 蔵書目録「滋賀資料編」刊行
昭和 63(1988)			26(34)	第一次図書整備 5 ヶ年計画、図書館員専門講座開講、蔵書目録「児童資料編」刊行 **「市町村立図書館の建設に向けて」** **草の根図書館を草の根文庫に改称**
平成元(1989)	甲西、五個荘	16(15)	30(35)	地下書庫建設工事着工、児童図書全件購入開始
平成 2(1990)	石部	17(16)	32(36)	本館改修工事終了
平成 3(1991)				地下書庫竣工 **補助制度改定(開館時図書購入費割増補助等)**
平成 4(1992)	志賀、湖東	19(18)	36(39)	資料保存センター業務開始
平成 5(1993)	土山、高月、大津北	22(20)	40(41)	第二次図書整備 5 ヶ年計画(新刊 80%購入、復刻版・学術報告書重点収集)
平成 6(1994)	安土、浅井、安曇川	25(23)	46(42)	『滋賀県立図書館創立 50 周年記念誌』刊行
平成 7(1995)	秦荘、豊郷	27(25)	50(44)	利用者用検索端末設置
平成 8(1996)	信楽、日野、虎姫	30(28)	56(46)	
平成 9(1997)	能登川、近江八幡(新館)	31(29)	58(48)	**所管課が文化芸術課から生涯学習課に**
平成 10(1998)	多賀	32(30)	60(49)	**市町村文化施設等整備事業の見直し** **「買増し図書整備事業」5 年に変更**
平成 11(1999)	近江、びわ、甲良、竜王	36(34)	68(50)	祝日開館実施
平成 12(2000)	永源寺、甲賀、湖北、愛知川	40(38)	76(51)	インターネットによる書誌情報提供サービス開始 **草の根文庫への補助廃止、『さざなみ21報告書』**
平成 13(2001)	山東、今津(新館)	41(39)	78(52)	
平成 14(2002)	南草津、野洲(新館)	42(39)	78(53)	利用者用インターネット端末設置 県民 100 人当たり貸出冊数全国 1 位に
平成 15(2003)	朽木	43(40)	80(55)	**図書館施設整備事業廃止**
平成 16(2004)	甲南	44(41)	82(63)	
平成 17(2005)	栗東西	45(29)	88(72)	市町村合併に伴い協力車巡回コース減
平成 18(2006)	新旭図書室、高島図書室	47(23)	88(72)	
平成 20(2008)	蒲生	48(23)	88(72)	休館日週２日(月・火)に増
平成 22(2010)		48(19)	100(73)	

書館関係者の方々から答申をいただきました。この中で、県立図書館の建物が新しく立派になれば完結するということではなく、県立図書館の果たすべき役割について議論されました。つまり、市町村図書館を通して県域全体に県立図書館のバックアップ機能が展開されていく道筋として、職員や資料費の問題など基本的なことはもとより、図書館未設置地区の空白地帯の解消も含め図書館振興がどうあるべきか明確に示したのです。そうした流れの中で、資料保存のあり方もどうあるべきか、保存センターの発想も芽生えてきたと思います。

前川恒雄さんが滋賀県に着任したのが、この建物が竣工し開館する直前です。設計段階に来ていれば建物に対して意見も出せたのだがともおっしゃっていました。この時の書庫の収蔵能力が五〇万冊と小規模で、蔵書数は二三万冊でした。ずっと間借りしていた程度の規模の図書館でしたから、当初計画した時には、これでも十分という認識があったのではと思います。

前川恒雄（一九三〇―）

日野市立図書館長（一九六五―七四）、滋賀県立図書館長（一九八〇―九一）などを歴任。『中小都市における公共図書館の運営（中小レポート）』『市民の図書館』の作成に関わる。

資料の充実について、前川さんの下で資料整備計画が進みました。第一次資料整備計画が一九八八年に始まります。その頃から資料費が大幅に増加する時代に入り、蔵書も一気に増えます。雑誌も当然増えますから、五〇万冊という規模ではすぐに先が見えてくるわけですが、六、七年前に図書館を建てたばかりなのに第二書庫というのは理解されにくい話だったと聞きました。

その後、隣接地に第二次文化ゾーン計画が浮上した機会をとらえて、図書館としては第二書庫をなんとかつくれないか、糸口をつかもうと交渉したようです。県立図書館の機能を発揮するために、蔵書の充実は必須なことです。蔵書の増加に対応するために収蔵庫をなんとかしたいという、強い思いが計画を実現に向かわせます。

前川さんは更に、県全体の資料保存をどうするかということを考えていたようです。年表に「開館状況」という欄がございますが、この頃から県内でもどんどん図書館ができてきます。一九七八年に守山が開館し、その後、一九八〇年代から図書館が増えてくる時代になります。当然、市町村の図書館自身の蔵書も充実してきました。私は一九八七年に滋賀県の甲西《こうせい》町立図書館建設のために来ましたが、その頃は県内の公共図書館の数が一〇館ぐらいしかない時代でしたけれども、県内の公共図書館で構成する滋賀県公共図書館協議会（以後、「県公図」と略）で将来の図書館像について話題が出て、熱心に話し合ったたことを覚えています。

県内の市立図書館は一九八〇年代に大体設置が終わり、その後各館では蔵書も増えて、自分のところの収蔵スペースが気になりだした頃です。私ども後発の甲西町や栗東《りっとう》町などの大型の町立図書館では、年間購入冊数が一万五千冊から二万冊規模で、蔵書が増えている状況でした。廃棄の問題は、多かれ少なかれどこも避けられない課題です。そうした中で、今度できる第二書庫について前川さんがある意味カッコ良く「みんなの書庫なのだからみんなで考えてくれ」という投げかけ方をしました。今から思えば、共同保存機能について先見性があったと思います。

しかし、実際にそんなのどうやってコントロールするのかなぁということが、正直ありました。というのは、私は以前、北海道立図書館に勤務していたのですが、道立図書館は一九六七年に札幌市内から郊外の現在地、江別市に移転しました。当時の町村金吾知事が、アメリカ視察で広大な芝生に囲まれたトルーマン記念館を見て、「是非、ああいうものを」と望まれ、郊外案が採用されます。二万坪の敷地が全て芝生で、その中に道立図書館が建っています。敷地は、隣接する酪農学園大学の牧草地の一部を分けてもらったもので、当時は最寄りの大麻駅もまだなく、札幌市街地からは離れ、大変不便なところです。その理由づけにしたのではないかと思いますが、道立図書館は「図書館の図書館」と言い「第二線図書館」を標榜し、市街地に立地しなくても、道内の図書館への支援という役割は果たせると主張します。デポジットライブラリー機能も謳っています。県立規模の構想としてはそれなりに先進的でもあったのでしょうが、実態は、道内の図書館設置率は低く、伸び悩みました。また道立図書館の資料費も少なく、出版点数のあらかたをカバーした滋賀県立図書館のようなことはありませんでした。そこで市町村との収集分担論を持ち出して、道立は専門的資料の収集が守備範囲と主張し、苦し紛れに第二線図書館論をかざした感じがします。ですから道内図書館からの日常的なニーズには応えられなかったと思います。また資料保存という点では、道内の図書館から資料を移管し道立の蔵書を充実させるという状況もなく、あくまで道立が所蔵していれば道内には提供する程度の第二線図書館だったと思います。

滋賀県立が共同保存の書庫を作るという話に、私はそんな苦い経験を思い出していました。そうこうしているうちに、「県立が皆のものというのなら、うちの図書館は蔵書も多いから書庫のワンフロアを使わせてほしい」と身勝手な話も出てきて、「そんな無茶な話はないだろう、先発の館はいいが、後発の館はどうするのだ」と熱く議論されました。

急ピッチで第二書庫建設計画が動きだしました。図書館のある文化ゾーンというのは、山を削り、広い敷地を整地して木を植えて森や池などを作った公園で、県立図書館の他に近代美術館、埋蔵文化財センターなどの施設があり、県民の憩いの場になっています。文化ゾーンは都市公園ですので建ぺい率の関係からこれ以上の地上構造物は建てられず、地下四階まで掘り下げて、あとは埋め戻すということで、地下四階、一〇〇万冊収容可能な第二書庫の建設に着手します。県公図の場では具体的な結論はできていませんでしたが、共同保存機能が視野に入れられていると漠然と解釈していました。

(2) 第二書庫の竣工と資料保存センター機能の始まり

一九九〇年度で前川さんが定年退職され、後任に、北海道置戸《おけと》町立図書館長、同教育長を務めた澤田正春さんが館長として迎えられ、第二書庫の竣工に立ち会うわけです。第二書庫が県内図書館の共同利用という性格について強く意識され、引き継がれたと思います。しかし実際どういう風に持ち込ませるかというような方法は具体的にはできていませんでした。この書庫の位置づけについては、私は二面性があると言ってきました。県立図書館としての物の言い方と、もう一つは市町村図書館での使い方です。

後者の話では、市町村図書館では書庫が一杯になり「廃棄」という事態が起こり出してくるわけですから、それぞれの市町村の財政当局からは「捨てる本があるのなら、もう買う本は要らないだろう」と言われた場合、「今度できた県の第二書庫は共同保存を目的に県全体の調整池のようなものだから、廃棄と言っても捨てるのではない。私たちの荷を軽くするメリットがある。思い切って県に払い出して書庫のスペースを空ければ、新刊を購入し提供していける」という説明をしました。予算査定時にこれはインパクトのある話として受け取ってもらえた覚えがあります。

一方、澤田館長は、県立の書庫の在り方として共同保存書庫という言い方では、県財政当局からは市町村にフロアを提供して「どうぞ使ってください」という話にとられ、「それなら市町村にあの建設費を負担してもらえ」と言われかねないのではないかという危惧を持っていたようです。市町村図書館が廃棄する資料の中で県立図書館が未所蔵のものは移管して引き取る、これは県立が蔵書の穴を埋めるという仕事だという説明で理解してくれないだろうかという話もしました。しかし、完成後には具体的なルールも未定のままに、某市立図書館などが県立に廃棄図書のダンボールを持ち込むことが起きて、相当擦った揉んだしました。

こうした混乱もあって、後になって澤田館長の呼びかけで、県公図の会長だった草津市立図書館の井上館長、主力メンバーだった栗東町立図書館の竹島館長、県からは今は県立図書館の館長をされている岸本さん、甲西町立図書館長だった私らで仕切り直しました。やみくもに現物を持ち込むのではなく、重複調査に機械処理ができるようにすること、それができなければ、廃棄リストを出してもらって県立がチェックするということで合意しました。それから現物の持ち込み方に秩序ができました。

当時は県立図書館の資料費が一億六千万円くらいあり、一般的な図書はほとんど購入できた時代です。そうすると、市町村から移管してもらう資料も重複部分を差し引くと限られたものになってきて、全県的にそういうやり方をする必要があるのかということになってくるわけです。もちろん郷土資料等でどうしても県立で保存して欲しいというものを受け入れるのにやぶさかではありませんが、小規模館まで全館の廃棄リストを照合する必要はないということです。

実際の選別作業の中で、市町村がどうしても残してほしいというものと、県立図書館が全体の蔵書構成を見ながら、これは残した方がいいだろうというものと、どこかで整合性を持たないといけない。「うちが持っていったものは全部残してくれ」というのはちょっと乱暴な話で、そこは議論していかなければならないのです。例えば毎年更新されるガイドブックなども確かに資料ではあるけれども、限られたスペースの中で保存していくには、もっと他に残すものがあるのではないかとか、時間をかけお互いの常識的な線を見つけて、落ち着かせていったようです。

こんなふうに、みんなで意見を出して大筋の流れが少しずつできてきたというところです。「こういうやり方だからこうしなさい」と県の方が結論を先に出してしまうのはどうかと思います。これは「関西流なのかなぁ」という気もしますが、最初にルールや制度を決めようというやり方をすると、なかなか決まらないのです。実態としてここことここができるなら、まずやってみようや、というやり方です。これに賛同して他にも話が広がっていく。そうして暗黙のうちに大体ルールができていくのです。どうも滋賀県をみているとそういうやり方なのです。意識してやっているかどうかはわかりませんが、私のように東の文化圏育ちの人間からみると、「これが近江商人流なのかなぁ」と思ったりします。

（3）大切なのは、コミュニケーション

こういうことは、県立と市町村の図書館職員同士の普段のコミュニケーションがなければダメです。多摩地域の共同保存の話も、何も急にこのＮＰＯが立ち上がったわけではないと思います。「三多摩」という地域の図書館が一九六〇年代後半から七〇年代にかけて日本の公共図書館をリードしていく時代があり、そこで培われたいろんなノウハウがあって人材が育ち、それがレファレンス探検隊になったり、この共同保存の動きになったりしてきたのではないかなと思います。滋賀県もある意味そこからタネが飛んできたわけです。前川さんが東京から滋賀にタネを運んできました。美濃部都政の図書館振興策を滋賀県の図書館振興策に埋め込んだのです。何が目玉か、はっきり言えば人材です。館長と職員です。滋賀ではそこのハードルを非常に高くし、僕らも専門職として呼ばれるチャンスをいただきました。滋賀県は、市町村と県立の図書館職員と

が常に一緒に物を考えていくという風土、人と人のつながりということをベースにやってきたと思います。この流れが、いい意味で活力を生み出す土壌となっていると思います。

レファレンス探検隊
公共図書館の図書館員が中心となって行っている自主的なレファレンス研修会およびその研修形式。一九九四年東京都三多摩地域で発足し、その後ほかの地域にも広がった。

次の世代のことを考えると、何もかも右肩あがりに好調な時代ではなくなり、予定調和みたいな発想では次の時代を乗り越えられるかどうかという疑問を持っています。意識の中で一旦既成概念を壊して、時代に合ったやり方を考えてもらいたいと思っています。滋賀県は今、専門職の館長がいて、職員は司書という職名をもらってというところが多いですが、今の職員はこれが当たり前に始まっちゃったというところが、ある意味で落とし穴になるのではないか。本質的なことは自分たちが闘う意識と、図書館サービスの質の高さを誇っていってほしい。今までやってきたことを乗り越えていくパワーを持ってほしいと思います。

最初に申し上げたように、「資料保存センター」というのも、試行錯誤しながらみんなでやってきて、今のところおさまりがいいというだけなので、またこれからも考えてほしいのです。それには、普段から問題意識を共有していくことが必要です。研修は勿論、日常業務の中でそういう問題意識を培っていくことだと思います。

滋賀県では、新聞の分担保存とか雑誌の総合目録などもできました。新聞の分担保存というのは、滋賀県の中でも県南版とか県北版とかの版毎に保存していくところを取り決めようということです。雑誌の総合目録というのは、県立図書館にデータを集め、タイトル毎に所蔵館を表示したものです（当時はまだ横断検索ができる時代ではありませんでしたので）。これなんかも、自分のところだけでなく他館の資料もお互いに使うのだ、という意識を芽生えさせる契機になったかと思います。

市町村から県立図書館にリクエストがきて、県立で未所蔵のものについては、県内の所蔵館調査を県立が行っています。そのうち半分位は県内にあります。ハウツウものなど県立の手が回りきらないものを市町村で所蔵しているケースはあります。この所蔵館調査を通して、資料を共同利用していくという意識の高まりというものが醸成されてくるのではないかと思います。保存するということイコールお互いに共有するものという理解の上で、リクエストの処理、あるいは所蔵館調査、雑誌の相互貸借といったことを通しながら考えていくことが大事で、県立図書館の職員にとっても重要な仕事です。皆さん方からどう思われるかわかりませんけれども、滋賀県立の職員はリクエストがきた時、ケースによっては「それは県立に依頼するというより、まず自分のところにあるべき本じゃないの？」とも言います。それでもどうしても県立で買ってくれ、あるいは探してくれという場合は、勿論そうしたりしますが。そういう対話が大事だと思います。ないから借りればいいやということではなく、蔵書構成はそこの住民の人たちの声の集約でもあるわけで、突き詰めて言えば、自分の町の図書館の蔵書をどう作り上げるかという、職員として大切な仕事です。「うちの館にないから借ります」だけではダメです。極端に言えば一冊一冊になぜうちの町に必要なのかという理屈づけをしてほしいです。

そういうことで、それぞれの仕事を通して全体につながり、運営されているという意識が根付いたと思います。最初は図書からでしたが、雑誌も保存が始まりました。図書はある程度県立図書館がカバーしていますが、雑誌は県立図書館で持っていないものもたくさんあります。県立図書館に集約して残すとしたらどういう方法があるか。市町村では保存年限が切れると廃棄しているという現実から、これもみんなで考えようということにしました。図書館を地域で班分けし、雑誌の保存年限を調整して、三年保存のところは廃棄の際その地域のアンカー館に欠号や汚破損があれば補充用として提出する。アンカー館は地域内で再編成して五年間分は完璧に維持します。そして、五年経って廃棄する段階になったら県立図書館に預けてくださいという方法を考えたのです。地域みんなでそのタイトルをずっと守ることになります。県立の地下書庫の一部にはこの雑誌の共同利用の棚を作り、五年毎に見直しをすることになっています。収集中止になっているかもしれないし、新しいものが増えているかもしれない。また五年前は残そうと言ったけれど、もういいのではないかというのもあるかもしれない。それは県立図書館が決めるのではなくて、みんなで考えようということです。それぞれの地域でいろいろ議論して残すと決めた二〇〇タイトルの雑誌がその棚に収められています。来年、二回目の見直しがあると思うのですが、何を残すかというのは県立だけが決めるわけにはいかないのです。

滋賀県内の市町村図書館での廃棄図書は、二〇〇九年度で九万三千冊くらいです。こうした中から県立へ移管されたものが一七年間で約四万冊です。それから先ほどお話ししましたが、リクエストを受けて所蔵館調査で県内の図書館の資料が該当した場合、その資料が当該図書館で除籍となった時には自動的に県立に送るという了解をみなさんからいただいています。ですからこの本は県立未所蔵だということが判明すると、各館まちまちですが、現物に目印となるシールを貼るなど、とにかく県立に持って行く本だというチェックは日頃からしているわけです。

滋賀県も財政的に厳しく、県立も予算が減額されて、資料費が半減に近くなるという話が出て、人件費を削ってでも資料費に回す、月・火休館にして光熱水費等を少しでも節約して雑誌のタイトルに回すということで、昨年度から県立図書館は月・火休館です。こういう体制で資料費を確保する。いろいろな見方はありますが、現在の岸本館長が、「しっかりしたものを将来に残していくということから言えば、資料費を最優先に考えるべきである」という考えでした。もちろん利用者の苦情も相当あるのではないかと心配したのですが、思ったより少なかったようです。お客様がカウンターに来て「県もいろいろ大変なんだなぁ」と言っていかれたという話も聞きました。そんなことで、資料費を何とか減らさないよう努力しているようです。

2　保存資料から教えられる温故知新

（1）何を残してきたか、何を残していくか

何を残してきたかということは、今だけではなく、ずっと後世になって評価される話です。私は今、県庁の中の県政史料室というところにいます。県民情報室というセクションは、県の公文書を管理し情報公開や個人情報などを扱っているところで、その中に戦前までの公文書を扱う県

政史料室を設置しました。滋賀県は明治からの公文書の主だったものがきちんと残っています。現在使用中の現用文書ではなく、戦前までの公文書は歴史的文書という位置づけで、「百年も前の資料は、もう歴史的事実として閲覧に供してもいいものがある。情報公開の規定の範囲ではなく緩やかにしたらどうだ」という答申を基にできた部署です。近畿圏で公文書館が未設置なのは滋賀県だけだったので、公文書館的な機能を持たせて、まず県政史料室を作りました。

もうひとつ大事なことで、公文書館でいつも課題になるのは、公文書のライフサイクルです。現用から非現用、廃棄に至る公文書の一生を捉え、非現用となった文書を公文書館等に移管して管理していくサイクルがなければ文書は残っていきません。公文書館があっても現用文書の保存期限がきた時に担当した課が勝手に廃棄などの判断をしてはなりません。滋賀県ではそうしたコントロールも含め、文書管理一切を私どもの県民情報室でやっています。ここの職員には行政職もいるし、私みたいに図書館の者、それから歴史文書を扱っている職員も配置されています。廃棄文書の中から歴史的文書として残すものを様々な立場の視点から検討し選別します。こうして現用文書から過去の歴史的文書まで一元的に管理されるようになりました。

歴史的な公文書を文化財だと主張することもいいのですが、歴史の研究資料という面だけでなく、公文書を残すということは第一義的には行政の県民への説明責任の一環なのです。これは情報公開につながる大事な話です。

皆さん覚えていらっしゃると思うのですが、フランスから放射性廃棄物を船でもらってきて、青森県の六ヶ所村に持ち込むため接岸するというので青森県知事が大反対した事件です。あの時に青森県知事と総理大臣が文書を交わしているのです。青森県知事が首相官邸にかけ合いに行き、「知事の許可をもらわない限り絶対接岸しません」という念書を作ります。ところが最近の地元紙「東奥日報」の記事によれば、驚いたことに、これは知事の復命書として処理されていて、復命書は保存が三年なので三年経ったところで他の文書と一緒に廃棄されていたというのです。青森県が県民をあげて取り組んだ歴史的事実を語る文書は消えてしまいました。例え復命書でも重要な文書ですから、残しておかなければならないものです。

(2) 岡田健蔵の函館市立図書館

函館市立図書館は、岡田健蔵さんが個人で作った図書館です。資料収集については、神田の古本屋から目録が届くと直ぐ開けて、北海道に関する文献をチェックしてその場で注文電話をかけたという逸話が残っています。資料費が八百円しかないのに、年度当初の五月に六百円の本を買ったという話もあります。議会でも、「アイツはなんだ、けしからん」という声も出てきますが、岡田さんは身体を張って資料収集に励みます。お金が足りなくなれば、有力者のところを回ってお金を借りて歩いたそうです。その頃の北洋漁業に湧く活気ある函館には、ポーンとお金を貸してくれる人がいたわけです。今でいえば何百万というお金です。岡田さんが亡くなった時にその証文を破って「この話はもう終わっているから」と言った料亭の女将さんがいたそうですが、すごい気風のいい話です。北海道という新興の土地で、文化を残していこうという岡田さんに共鳴する人たちがいたのです。今では北方研究とか、啄木研究などはこの図書館の資料を避けて通れないほどの価値を有しています。余談ですが、書庫の管理は非常に厳しかったようです。書庫に入れるのは岡田さん以下職員三、四人で、同じ職員でも入れない人がいるのです。人が触れると、散逸したり破損したりする可能性もあるわけで、資料を残すためという思いが強かったのでしょう。そういうところでは岡田さんは徹底した方だったようです。そうして残してきたものが、今、大変な財産になっているわけです。

(3) ヴォーリズと近江兄弟社図書館

ウィリアム・メレル・ヴォーリズが創設した近江兄弟社は、一九四一年に私立近江兄弟社図書館を作り一般供用を開始します。この図書館は現在、近江八幡市立図書館に引き継がれていますが、そこに近江兄弟社図書館設立時の文書なども残されています。設立を目指して全国の図書館を視察した時に集めたパンフレット類や、帝国図書館の閲覧票とか秋田県立図書館が当時使ったカードとかがスクラップブックに貼り付けてあり、貴重なものです。一九五〇年に設立一〇周年の記念セレモニーをした時に**中田邦造**さんが、「今回行かれないので申し訳ない」と送ってきた巻紙の手紙、また当時日本図書館協会の理事長だった中井正一さんが図書館協会の原稿用紙にペン書きした祝辞も残っています。こういうのは実際に見てみると、中井さんはこういう筆遣いの人だったのか、中田さん達筆だなぁ、とか内容だけでない生きた情報が得られるのです。

中田邦造（一八九七—一九六七）
石川県立図書館長（一九三一—一九四〇）、東京帝国大学附属図書館司書官を経て日比谷図書館長（一九四四—一九四九）。日比谷図書館長時代の戦時下、図書の疎開事業に尽力。

近江兄弟社図書館ができた当時は、中央図書館制度の時代でしたが、滋賀県には県立図書館が未設置でした。近江兄弟社図書館が中心になって、県内図書館とも諮って日本図書館協会滋賀支部を結成します。その頃支部があったのは二つか三つと聞いていますが、百人位いないと支部にならないので、近江兄弟社の社員が日本図書館協会の会員になっていたようです。なぜ支部を作ったかというと、滋賀に県立図書館を作ろうという機運を盛り上げるためだったのです。さらに滋賀県図書館協会を作り、彦根地域、長浜地域というように地域割をし、各地域選出の県会議員のところへ、それぞれの地元の館長たちに「県立図書館を作ることに賛成か、反対か」というアンケート用紙を持っていってもらいます。「反対」という人はいません。ほとんど「積極的にやりたい、賛成」なわけで、これはやり方としてすごく戦略的だと思いませんか？ 岡田健蔵さんが鬼のようになってコツコツ物を集めている。一方で近江兄弟社はみんなの力を借りながら、流れとして世論を作っていくという、どちらがどちらというわけではないのですが、対照的だと思います。

ここに残っていた資料・簿冊類は、近江兄弟社が倒産した際に建物も含め全部地元の近江八幡市に移管されました。何が残っているか分からなかったのですが、どういうものがあるのか目録を作ろうということになりました。滋賀県の図書館の歩みを検証する意味もあり、今年（二〇〇九年）の春から近江八幡の職員だけでなく県内の図書館の有志も参加してみんなで始めたのです。現在は日本図書館協会の滋賀支部に「研究グループを作って何か研究するなら、三万円の補助金を出す」という助成制度があり、この簿冊の目録作りも、そういう枠の中で取り組んでいます。

最後になりますが、やはり、資料を残すというのには「思い」が必要です。「思い」があるから、こういう資料が残っていくのです。典型的なのは個人のコレクションです。岡田さんのものは、最終的に市立図書館になりましたけれども、やっぱり「岡田コレクション」です。ゲーテ記念館もそうです。粉川　忠さんという方の個人の強い「思い」で残していく、だから集まったと思います。「公でやっているから残る」ということはあるかもしれませんが、集めるには鬼気迫るものがないと無理です。公だけではできない大仕事です。

今回、三多摩地域では皆さんの「思い」で資料を大きなスケールで保存しようとしている、素晴らしい取り組みです。そのことを次の人たちもしっかり受け止めて、つないでいって、さらに展開していってほしいです。

本日は、ご清聴ありがとうございました。

多摩デポブックレットのご案内

No.1〜No.4　定価各 630円
No.5　定価　735円
（税込み）

No.1 **公共図書館と協力保存**
－利用を継続して保証するために－
安江明夫著　2009.5刊　52p.

No.2 **地域資料の収集と保存**
－たましん地域文化財団歴史資料室の場合－
保坂一房著　2009.9刊　56p.

No.3 **「地図・場所・記憶」**
－地域資料としての地図をめぐって－
芳賀　啓著　2010.5刊　54p.

No.4 **現在《いま》を生きる地域資料**
－利用する側・提供する側－
平山惠三　蛭田廣一著　2010.11刊　56p.

No.5 **図書館のこと、保存のこと**
竹内　悊　梅澤幸平著　2011.5刊　62p.